Ludwig Merkle

Dees brauchts doch need

oder: Brauchtum & Sitten in Bayern

Heinrich Hugendubel Verlag

Einband und Illustrationen von Annegert Fuchshuber

2. Auflage, 1982
© 1978 Heinrich Hugendubel Verlag, München.
Alle Rechte vorbehalten,
einschließlich die der fotomechanischen Wiedergabe.
ISBN 3-88034-184-2
Gesamtherstellung: Augsburger Druckhaus

Dees brauchts doch need

Dees brauchts doch need

Kein deutsches Land ist reicher als das bayerische an ehrwürdigem Brauchtum und an wohlerhaltnen Sitten, und nirgends auch ist das Zusammenleben der Menschen mehr von ererbten Überlieferungen und Traditionen geleitet als hierzuland.

Leider gibt es auch in Bayern Menschen, die wenig vom alten Herkommen halten, Leugner des Brauchtums, deren Parole lautet: „Dees brauchts doch need!" — Doch, rufen wir ihnen entgegen, da deischts eich, dees brauchts scho!

Der moderne Mensch, selbst der einheimische, von Zugereisten und Touristen ganz zu schweigen, weiß gar nicht, wie sehr fast alles, was wir tun und sprechen, vom Brauchtum bestimmt ist. Immer wieder kommt die Volks- und Brauchtumsforschung neuen Zeugen alter Sitten auf die Spur. Wer sie — mit Hilfe dieses Buches — kennenlernt, wird vieles, was ihm ehedem kaum auffiel, und so manche Redensart, die ihm bisher achtlos von den Lippen floß, mit andern Augen sehen, respektive Ohren hören.

Inhalt

Bfiaddigod, scheene Gegnd

„Bfiaddigod", ein Wort, welches im andächtigen Bayern viel gebraucht wird, heißt „Behüt dich Gott". — Der Bayer liebt, wie jeder weiß, sein Land und seine Seen, Wälder, Flüsse, Auen, Hügel und Täler über alles und wünscht aus ganzem Herzen, daß Gott sie behüten möge vor Unheil und vor Schaden. Und so spricht er, wie es die Art naturverbundner Menschen ist, mit diesem seinem Lande, steht er im ständigen Dialog mit ihm, und in fast dichterischem Überschwang ruft er ihm leuchtenden Auges zu: *„Bfiaddigod, scheene Gegnd!"*, Behüte dich Gott, du schöne Gegend. — Mitten im Gespräch mit anderen Menschen kann es geschehen, daß er sich plötzlich selbstvergessen zur geliebten Heimat wendet und ihr seinen Segenswunsch zuruft, wenn ihm das Herz voll ist.

Edelweiß & Almarausch

Seine leidenschaftliche Zuneigung gilt seit je dem Gebirge; zackig säumt es den bayerischen Horizont, weit schallt sein Ruf, und der Bayer, der ihn vernimmt, eilt hinauf auf die Höhen, erklimmt die steilen Wände, bewegt sich waghalsig auf schmalen Bergesgraten, wo das Edelweiß erblüht. Dies ist kein gefahrenloses Unternehmen, weniger der abschüssigen Felsen wegen — da versteht es der Bayer, festen Griff und Tritt zu fassen —, als wegen des Almenrausches, wegen dem *Almarausch*, der dem kühnen Wanderer dort oben droht. Der Almarausch ist eine schmerzhafte Höhenkrankheit, deren erste Anzeichen: lähmende Müdigkeit, Bleischwere in den Beinen, Atemnot, Schwindelgefühl, oft schon auf 1500 Meter Meereshöhe, also dort, wo die Almen stehen, zu verspüren sind, und die bis zur völligen Orientierungslosigkeit, ja selbst zum jähen Absturz führen kann. Kraftlos bricht der vom Almarausch Befallene schließlich zusammen, das Echo wirft sein Stöhnen und seine Notschreie zurück.

Flachländer, die sich auf die Berge wagen, sind den Gefahren des Almenrausches in erhöhtem Maße ausgesetzt. Wer die ersten Anzeichen fühlt, möge sich rasch um Hilfe umsehen; am besten wendet er sich an Bergwachtmänner, Förster oder patrouillierende Umweltschützer und sagt ihnen: „Sie, i hab an Almarausch." Diese wissen, was in solchen Fällen zu tun ist.

Glockenklang
Meng S a Schäin?

Bayern ist zur Sommerszeit erfüllt vom Klang der Glocken
(Schellen, bairisch *Schäin*), die den Kühen am Halse und den
Kirchen in den Türmen hängen. Der Urlaubsgast findet dies
überaus idyllisch, das Bayernvolk aber, durch das Geläute oft
empfindlich aus seiner Ruhe gerissen, ist geteilter Meinung.

Da und dort wurden die Schellen, zur Vermeidung störender Lärmemissionen, bereits abgeschafft, „Leiddn is bäd", Läuten ist schlecht (bad), behaupten die Glockengegner in ihrer scheußlichen bairisch-englischen Mischsprache und prägten das böse Wort vom *Bädleiddn*; andernorts hängt man mit zäher Liebe weiter an den Heimatglocken, streitet erbittert gegen die *Schäinowa* und *Schäinundda* (die so genannt werden nach ihrem Motto „Schellen awa, Schellen runter!") und stellt eigene *Schäinachdda* (Schellenwächter) auf, die auf die Glocken achten. Der Disput für und wider das Geläute wogt, und nicht selten wird auch der Sommerfrischler in die Auseinandersetzung einbezogen. Gefragt: *„Meng S a Schäin?"* (Lieben Sie Glocken?), wird er meist mit einem freudigen Ja antworten.

Christbaum-Schdäin

Die Meisterschaft des bayerischen Volkes im Schmücken des Weihnachtsbaums ist weitberühmt. Phantasievoll wird der Baum mit Kerzen, bunten Kugeln und silbrigem Engelshaar verziert. Das Christbaum-Aufstellen, bairisch *Christbaum-Schdäin*, ist ein Fest für jung und alt, ganze Dörfer sind am Abend des 24. Dezembers mit Christbaum-Schdäin beschäftigt.

Am Großvadda sei Gribberl

In bayerischen Kirchen, aber auch in den Wohnstuben der Familien pflegt man den frommen alten Brauch, ein Gribberl aufzustellen. Vater, Mutter, Kinder und Gesinde beteiligen sich voller Eifer daran, es an gut sichtbarer Stelle aufzubauen, *das Gribberl*, das Gerippe. Früher legte jede Familie Wert darauf, das Originalgerippe eines geliebten, verehrten Ahnen zu besitzen, das sie aus dem Karner, dem dörflichen Beinhause, holte, um ihm ein paar Wochen lang Aufenthalt im vertrauten, traulichen Kreise des Heimes zu gewähren. Heute bedient man sich, leider, meist hölzerner, gipserner oder gar kunststoffener Nachbildungen (die vorwiegend in Oberammergau hergestellt werden).

Der tiefe Sinn des Gribberlaufstellens ist ein freundlicher Totenkult und die Gemahnung an die Lebenden: Auch ihr wer-

det eines Tages diese Welt verlassen (und als Gribberl bei uns in der Stube stehen). Das Gribberl wird am Ende der Adventszeit neben dem Christbaum aufgebaut und bleibt dort stehen bis zum Treukönigsfest (siehe Seite 15).

Königliche Monarchie Bayern

Wie sehr der Bayer, obgleich seit 1919 Republikaner, immer noch an seinem angestammten Königshause hängt, beweist so mancher alte Brauch. Der 6. Januar ist im Bayernland ein hoher Feiertag, *Dreikenigstag* nennt ihn das Volk, Treukönigstag; da gelobt Bayern seinem verehrten König Ludwig alle Jahre wieder unverbrüchliche Ergebenheit: „Mia bleim da drei, Kenig", wir bleiben dir treu, König.

Wer Gelegenheit hat, ein ländliches Haus zu betreten, wird oft an den Türstöcken die geheimnisvollen Buchstaben KMB und dazu die neueste Jahreszahl mit Kreide angeschrieben finden. *„Königliche Monarchie Bayern"* bedeutet diese Inschrift, die stets am Treukönigstag erneuert wird.

19 + K + M + B + 78

15

Mach dei Hosndial zua

Der Osterhase, *„Osdahos"* gesprochen, ist auch in Bayern ein beliebter Eierbringer. Wer der Hasenzucht obliegt, achtet insbesondere zur Osterzeit darauf, daß ihm seine Hasen nicht entkommen (um anderswo Eier zu legen), und verschließt sorgfältig die Türen der Hasenställe, die *Hosndialn*.

Daraus hat sich die Redensart *„Mach dei Hosndial zua"* — schließ deine Hasentüre —, die auch außerhalb der österlichen Tage häufig im Mund geführt wird und besagt: „Verschließe deine Sachen gut, damit sie dir nicht unversehens wegkommen."

O mei, o mei

So lautet die erste Zeile eines uralten, melancholischen Maien-
liedes, das der Bayer in besinnlicher Stimmung gern auch in
einer Art Sprechgesang vor sich hinträllert.
Um den Mai ranken sich, besonders in bäuerlichen Gegenden,
viele heut noch lebendige Traditionen, deren berühmteste der
Maibaum ist. Er wächst, von Jahr zu Jahr höher und stattli-

cher, in der Mitte des Dörfleins, meist neben dem Dorfbrunnen, damit man ihn leichter *anbrunzn* (mit Brunnenwasser gießen) kann, was die Burschen besorgen. Wenn der Mai herankommt, schmücken sie ihn mit allerlei Zierrat, und altes Herkommen will es, daß die Jungmänner aus der Nachbarschaft versuchen, ihn heimlich abzusägen und im Triumphzug in ihre Gemeinde zu entführen. Die Dorfbewohner schützen sich gegen dieses *Mai-Schbaziangehlassn* (ein Euphemismus: das Spazierengehenlassen des Maibaums), indem sie ihren Baum festhalten; *Maihoiddn* nennt man das.

Wie weit der Brauch früher verbreitet war, erkennt man daran, daß der Ausdruck „*Hoidd dei Mai*" — paß auf deinen Maibaum auf, das heißt: auf deine Sachen, damit dir nichts weggenommen wird (siehe *Hosndial zuamacha,* Seite 16) — überall in Bayern zu hören ist.

In manchen Gemeinden wird der Maibaum einfach festgebunden; das allerdings gilt als unkorrektes Verhalten: die Tradition verbietet das *Mai-Ohenga.*

Sie san bloß bläd

Schon Johann Kaspar Riesbek, der 1784 ins Land Bayern kam, notierte, die Bayern hätten dicke Bäuche. Man kann ihm da schwer widersprechen, die bayerische zählt in der Tat nicht zu den ausgesprochenen dünnen Menschenrassen — was sich jedoch auf das natürlichste durch die kräftigende und reichliche Kost erklärt, die man in Bayern zu sich nimmt; sie bläht den Menschen auf und läßt ihn, oft ganz unverdient, ein wenig korpulent erscheinen.

Die Sorge ums Gewicht ist unter bayerischen Gourmets nicht weniger verbreitet als woanders, und häufig wird man diesbezügliche Wehklagen hören. Hier gilt es, den Fettleibigen mit dem rechten Wort zu trösten. Am besten, indem man ihm sagt: *„Sie san need dick, Sie san bloß bläd"* — Sie sind nicht dick, Sie sind nur gebläht. — Dies beruhigt den Dicken und läßt ihn auf schlankere Tage hoffen.

Awa in da Rein

Das Geheimnis des vielgerühmten Wohlgeschmacks bayerischer Küchenspezialitäten liegt nicht zuletzt darin, daß man, besonders in den Gasthäusern, meistens darauf verzichtet, die Koch- und Bratgeräte nach Gebrauch umständlich zu säubern. So sammelt sich im Lauf der Tage und der Wochen Süßes und Säuerliches, Gesottenes und Gebacknes an den Böden und Wänden der Pfannen und der Töpfe an, das jeweils mit der Speise des Tages mitgekocht wird und dieser den beliebten feinen zartbayerischen Hautgout verleiht.

Hin und wieder aber, an den sogenannten *Lostagen,* löst die Köchin das Eingeschmorte aus den Gefäßen, um Platz für neue Zubereitungen zu schaffen; dann wird das Kochgeschirr gereinigt und trägt nun für kurze Zeit den Namen *Reine* oder wenn sich's um kleinere Gefäße handelt, *Reindl.* Wer, unter Verzicht auf den spezifischen Geschmack, Wert auf absolut keimfreie Speisen legt, verlange daher stets, daß sein Gericht im Reindl zubereitet wird.

Zwoamoi Schleeg biddschen

Was in andern Gegenden als Keule (z. B. Hammelkeule, Rehkeule) serviert wird, dazu sagt man in Bayern „Schlegl". Die Endung „–l" — wir kennen sie vom Reindl (siehe oben), vom Mandl (Männlein), Hendl (Hühnchen) usw. — drückt die Kleinheit aus und besagt: Es handelt sich nur um eine

21

mittlere Portion. Gäste, die größeren Appetit verspüren, tun deshalb gut, nicht „Schlegl" zu bestellen, sondern *Schleeg.* — *„Mia griang zwoamoi Schleeg"*, sagen sie zum Wirt und werden bestimmt gut bedient. „Dee kenna S scho ham", wird ihnen geantwortet werden.

Heid gibts Lungaharing

Seit uralter Zeit obliegt der Bayer nicht allein der Jagd, der Viehzucht und dem Ackerbau, sondern insbesondere im fluß- und seenreichen bayerischen Oberlande, auch dem Fischfang. Seine Beute besteht aus Forellen, Hechten, Saiblingen und dergleichen und, vorwiegend im Starnberger- und Ammersee (seltener im Schlier- und Tegernsee), dem sogenannten Lungenhering, bairisch *Lungaharing,* einem nahen Süßwasserverwandten des in der Nord- und Ostsee beheimateten gemeinen Herings. Den Namen erhielt er aufgrund seiner Gewohnheit, immer wieder an die Wasseroberfläche heranzuschwim-

men und den Kopf in die Luft zu strecken. Das unverbildete
Fischervolk nahm an, er tue das, um zu atmen, und erklärte
sich dies damit, daß er wohl über eine Lunge verfüge. Zoolo-
gisch ist diese Auffassung zwar unhaltbar, das ändert jedoch
nichts daran, daß Lungaharing eine ganz besonders schmackhafte bayerische Spezialität darstellen und, wenn man sie
beim ersten Probieren auch als ein wenig schleimig empfin-
den mag, zum festen Bestandteil der bayerischen bürgerli-
chen Küche zählen.

An Pfiffkaas

27 Prozent der bayerischen Landwirtschaft umfaßt die Rinderhaltung. So gibt es in Bayern nicht nur Milch und Butter in reichlicher Menge, sondern auch Quark und Käse. Nicht jede Käsesorte ist gleich edel, manche aber hat, wie man in der Umgangssprache sagt, einen Pfiff. Solche Sorten die, mild und dennoch pikant, auf der Zunge zergehen, rangieren unter dem warenzeichenrechtlich geschützten Sammelbegriff *Pfiffkaas*, Pfiffkäse. Käsekenner schwärmen in den höchsten Tönen von diesen Köstlichkeiten („an Kaas redn", nennt man das in Bayern) und bestellen in den Restaurants kaum jemals etwas andres als: „*An Pfiffkaas.*"

Feinschmeckerische Gäste, die man zum Essen einlädt, werden besonders gern erscheinen, wenn man ihnen ankündet: „Heid griagds an Pfiffkaas", heute bekommt ihr besonders erlesenen Käse mit Pfiff.

D Wirtin macht a Gfries hi

Natürlich kann man nicht in jeder kleinen Dorfwirtschaft erwarten, daß die Speisekarte alle bayerischen Spezialitäten bietet; oft wird man vergeblich nach Lungaharing, Schleeg und Pfiffkaas fragen. In solchen bescheideneren Häusern ist es seit altersher üblich, daß einem die Wirtin einfach a *Gfries himacht*, das heißt etwas (Gutes) zum Essen (wörtlich-derb: zum Fressen), ein Gefresse hinstellt.

Macha S koane Pflanz

Es empfiehlt sich dann, darauf zu achten, daß man nicht mit Frikadellen (bairisch „Fleischpflanzln") abgespeist wird, die meist aus den kleingehackten Resten der vergangenen Woche zubereitet werden. So sagt man gleich bei der Bestellung: *„Macha S koane Pflanz"* (Machen Sie keine Frikadellen).

Was Zaachs

Im allgemeinen aber wird man am besten fahren, wenn man auf die Sachkenntnis des Wirts oder der Kellnerin vertraut und schlicht sagt: *„Bringa S ma hoid was recht was Zaachs"* — bringen Sie mir einfach eine richtige Zeche, das heißt ein ordentliches Gericht. Vom Vertrauen seines Gasts geehrt, wird der Wirt, einem ungeschriebenen Gesetz folgend, keine Mühe scheuen, das Gewünschte in feinster Qualität auf den Tisch zu bringen; nur selten erlebt man eine Enttäuschung.

Eahna Blembbe

„Und zum Dringga?", wird man dann noch gefragt werden, „und zum Trinken?" — *„I nimm Eahnan Blembbe"*, ist darauf die richtige Antwort. „Blembbe" hängt mit hochdeutsch „verplempern" zusammen; man versteht darunter ein Getränk, mit dem man, weil es so vorzüglich schmeckt, gern und angenehm die Zeit verplempert. Jedes Wirtshaus hat, meist schon seit Generationen, seinen speziellen Blembbe, den man guten Gästen gerne vorsetzt.

Bringa S mar an Bauernramme

Auch eine Nachspeise gehört zum bayerischen Menü. Am besten schmeckt ein bäuerliches Sahnegericht, insbesondere der urwüchsige, etwas herbe *Bauernramme* (Bauernrahm, soviel wie Bauernsahne). In den meisten Wirtschaften dürfte er vorrätig sein, wo nicht, kann er mühelos aus den Häusern der Nachbarschaft herbeigeholt werden.

Da Moar is a Soiznäga

In Bayern, dessen Berge oft vom November bis tief in den Mai mit Schnee bedeckt sind, wird begreiflicherweise sehr viel Wintersport getrieben. Teils haben die Leute *Schies* (Skier), teils widmen sie sich dem Eisstockschießen, einem uralten, aufregenden Mannschaftsspiel, das auf zugefrorenen Bächen und Seen oder auf eigens aufgespritzten Eisflächen betrieben wird.

Der Führer einer jeden Mannschaft ist der Moar, hochdeutsch der Mohr, der Neger, so genannt nach dem tiefen Braun, das sein Gesicht infolge des ständigen Aufenthalts im Freien überzieht. Ihm obliegt es nicht nur, die Schützen seiner Mannschaft anzufeuern und ein Auge auf gegnerische Machenschaften zu haben, er muß auch das Salz auf die Eisfläche streuen, damit seine Männer nicht durch Ausrutschen zu Punktverlust und Schaden kommen. Aus diesem Grunde bezeichnet man ihn auch als *Soiznäga* (Salzneger).

I bin a Schwammal

Die Kunst des Schwimmens ist auf dem bayerischen Lande nicht allgemein verbreitet, deshalb sind die Badegewässer in Bezirke mit geringer und größerer Wassertiefe eingeteilt. Strenge Bademeister achten darauf, daß niemand in Gefahr gerät; zuviele schwammen schon hinaus und gingen unter. Um den Meister zu beruhigen, ruft man ihm daher vor dem Kopfsprung ins Tiefe zu: *„I bin a Schwammal!"* (der Ausdruck ist vom Imperfektstamm „schwamm" gebildet) — ich bin ein Schwimmer.

A Bodschambbal zum Schiffa

Das bayerische Nichtschwimmertum erklärt sich, wie das der
Matrosen, aus der Tatsache, daß man ja seit altersher auf
Schiffen fuhr und es gar nicht nötig hatte, das kühle Wasser
zu betreten. Der Bootssport wird auf den bayerischen Seen
auch heute noch eifrig ausgeübt; davon profitieren die Sommerfrischler, denen die Bootsbesitzer ihre Kähne und Segel-
schiffe gern vermieten. Meist sind die Boote nur kärglich aus-
gestattet, insbesondere was die Sitzgelegenheiten betrifft. Oft
stellt man fest, wenn man das Schiff betritt, daß die Bootsschemel, bairisch Bodschambbal, völlig fehlen. In solchen Fällen soll man mutig reklamieren: *„I brauch a Bodschambbal
zum Schiffa"*, ich brauche einen Bootsschemel zum Schiffah-
ren. Höflich gebeten, wird einem der Vermieter das Gewünschte gern zur Verfügung stellen.

Jessmarandjosef

Freunde des Bayerntums äußern nicht selten die Befürchtung, der bairischen Sprache möchte unter den Einflüssen fortschrittlicher Moderne ein Leids geschehen. Man wird, betrachtet man die Entwicklung der letzten Jahrzehnte, diese Sorge kaum unterdrücken können. So wie das Bairische in alten Zeiten Wörter aus dem Französischem übernahm, so aufnahmebereit zeigt es sich heute für das Englische, beziehungsweise Amerikanische. Man sagt „Okä", man hat sein „Hobby", und selbst in den einsamsten Gebirgstälern trifft man nicht selten Burschen, die sich Hinterleitner Jackl nennen oder Gstettenbauer Schorsch.

Selbst das einfache „Ja" wird häufig durch ein englisches „Yes" ersetzt.

Mit welcher Zähigkeit sich indessen trotz aller fremden Überlagerung das alte Brauchtum erhält, das erkennt man just hier. In Fällen, wo das bloße „Yes" zu blaß und blutleer dünkt, wo die Bejahung durch eine Beteuerungsformel verstärkt, gekräftigt werden soll — „so wahr mir Gott helfe" —, da fügt der Bayer heute ebenso wie seine Vor- und Urvorväter die Namen des heiligen Ehepaares Maria und Josef an. So entsteht das merkwürdige „Jessmarandjosef", Yes, Maria und Josef. Tradition bricht sich eben Bahn, auch unter den ungünstigsten Bedingungen.

So a gloans Däbbal

Der bayerische Mensch ist kinderlieb, ein stolzer Vater, Groß-
vater und Onkel, eine treusorgende, aufopfernde Mutter,
Tante, Oma. Zwölf, ja achtzehn Kinder sind keine Seltenheit,
und mit nichts kann man sich den Bayern leichter zum Freunde machen, als wenn man die Schönheit, Klugheit, Größe seiner Kinder lobt, die unsicher und wackelig auf ihren kleinen
Beinen herumtappen und darum zärtlich „*Däbbal*" genannt
werden. Manches nette Gespräch mit bayerischen Müttern
bahnt sich über die gemeinsame Liebe zu den kleinen Kindern
an: „Ja dea Bua is gelungen, dees is a gloans Däbbal", ja der
Junge ist wohlgeraten, ein herumtappendes Kleinkind.

Nagal san schwarz

So tolerant und aufgeschlossen der Bayer in Dingen der Liebe
ist, eines lehnt er aufs heftigste ab: den Umgang einheimi-
scher Jungfrauen und Mädchen mit Männern anderer Gemeinden, Gegenden oder gar Länder. Solch ein Seitensprung
wird schwerlich verziehen, und man braucht sich deshalb
nicht zu wundern, wenn die unglücklichen Mütter die
Früchte solcher Liebe möglichst zu verbergen trachten.

So wie der Jäger bairisch zum Jaga wird (mit zwei hellen a), so verwandelt sich der Neger — bairisch-hochdeutsch Näga — zum Naga. Ein kleiner Neger, ein Negerlein, ist dementsprechend ein Nagal. Es wachsen nicht wenige Nagal im bayerischen Land (Abtreibungen mit Hilfe der Sennerinnen auf der Alm, *Almabtrieb* genannt, finden Gott sei Dank nicht häufig statt.) Daß man ihnen selten begegnet, liegt an der eben geschilderten Haltung der Umgebung. Viele Mütter trachten darum, sich ihrer Nagal auf gute Weise zu entledigen. Und wenn man eine bayerische Bäuerin fragt: „Hast Nagal aa?" (Hast du auch Negerkinder?), so kann es vorkommen, daß sie antwortet: „Ja, freile, konst scho a boar ham" (Ja freilich, Sie können schon einige haben) — ein Angebot, das man höflich, aber bestimmt zurückweisen soll.

Griasde nacha

Die Frömmigkeit des Bayernvolkes ist für Menschen, die aus anderen Gebieten Deutschlands kommen, oft geradezu rührend. Stoßgebete wie *„Greizhalleluja"* (Kreuz-Halleluja) oder *„Bluadsaure Marie!"* (Blutsaure Maria, ein Anruf, der dem schmerzblutenden Herzen der Gottesmutter gilt) hört man allenthalben. Und auch *„Griasde nacha"* oder *„Griasde"* ist ein in den katholischen Regionen Bayerns weit verbreiteter Ruf, der nichts anderes als „Christe" bedeutet. Er ist verkürzt aus dem lateinischen „Laus tibi, Christe" (Lob sei dir, Christus), wovon sich wiederum das *Lausdeandl* (Lob-sei-dir-Christus-Mädchen) und das *Ausanandadifidian* (tibidieren) herleiten, und stellt den ersten Teil eines kurzen, litaneiartigen Wechselgebetes dar, dessen Fortsetzung beziehungsweise Zuendeführung vom Angesprochenen erwartet wird; sie lautet: „In Ewigkeit Amen" oder auch „Bibbfrunsinda" (Bitt für uns Sünder). *„Griasde nacha"* bezieht sich auf die Nachfolge Christi und bedeutet etwa: „Christus nach!" — Hierauf ist zu antworten: „Erbarme dich unser."

Gsengs God

„Ein Auge ist, das alles sieht." Dieser Spruch, der in früh-christlicher Zeit aus dem nordischen Kult des einäugigen Got-tes Wotan ins Christentum übertragen wurde, vermochte im

südlichen Bayern begreiflicherweise nie so recht volkstümlich zu werden. Auch die bairische Version:

> „Zwoa Augn sans, die fast oiß daschbechtn,
> auch was bassiad in finstren Nächten"

hört man nur selten.

Während Dogmen wie die Unfehlbarkeit des Papstes und die Jungfrauengeburt ohne Mühe Eingang fanden, da sie mit den Erfahrungen des alltäglichen Lebens nicht im Widerspruch stehen, stößt das Ein-Aug-Mirakel oft auf gewisse Skepsis, und so mancher meint, der liebe Gott schaue vielleicht doch nicht überall gleichzeitig hin — was günstig sein mag, wenn man gerade eine Übeltat verrichtet, im Fall von guten Werken jedoch unerwünscht ist: Wie könnte Gott sie belohnen, wenn er sie nicht beobachtet hat?

Diese etwas kleingläubige Grundhaltung des bayerischen Volkes ist die Wurzel der prunkvollen Prozessionen, die die Aufmerksamkeit auf sich lenken, der lichten, hellen bayerischen Kirchen — und übrigens auch der Namenschilder, die in vielen ländlichen Gotteshäusern die Sitzplätze bezeichnen; sie sind nicht zur Unterrichtung der übrigen Kirchenbesucher da, die ja genau wissen, wer hier betet, sondern vorsichtshalber ebenfalls für die Augen Gottes.

Eine gute Tat, uneigennützige nachbarliche Hilfeleistung, ein Almosen und dergleichen pflegt der davon Profitierende mit den Worten „Vergelts Gott" (möge Gott es vergelten) zu quittieren. Worauf der Wohltäter *„Gsengs God"* sagt. Das heißt in hochdeutscher Übersetzung: „Gesehen (möge) es Gott (haben)". „Gseng" ist „gesehen".

D Huawarin is a säinguads Leid

Zum frommen Leben gehört es auch, daß man Kummer, Verdruß und Ungemach, die einen treffen, gottergeben trägt; dereinst im Himmel wird einem solches Verhalten angerechnet werden. Wenn jemand, vorwiegend ältere Frauen, als *säinguads Leid* bezeichnet wird, so heißt das wörtlich: ein für die Seele (bairisch Säi) gutes Leid. Man will damit ausdrücken: Freilich ist sie, die Alte, eine Quelle des Ärgers und des Unglücks für uns, aber — hier bewährt sich wieder die tiefe Gläubigkeit des bayerischen Volkes — sie hat, als gottgesandter Prüfstein unserer Nächstenliebe, auch etwas Gutes, sie ist ein für unsere Seele gutes Leid, dessen Erduldung beim jüngsten Gericht für uns zu Buche schlagen wird.

Am liawan mag i Abbfekiachl

Ein lieber Schmuck der bayerischen Landschaft sind die zahlreichen Dome, Kathedralen, kleineren Kirchlein (bairisch *Kiachl*) und Kapellen, die hier und dort zum Lob Gottes er-

richtet wurden. Meist sind sie liebevoll in die Natur gebettet, von Wäldchen und Hecken und Feldern umgeben. Besonders lieblich und idyllisch nehmen sie sich aus inmitten von Obstgärten, umrahmt insbesondere von Apfelbäumen, die dem Bayern ja besonders am Herzen liegen — worauf auch das bekannte Gebet *„Aus Ebbfi Amen"* zurückzuführen ist. Wer bei einer Führung durch ein bayerisches Kloster oder eine bedeutende Basilika beiläufig erwähnt: „A scheene Kiach is dees, awa am allaliawan mag i *Abbfekiachl"* (Eine schöne Kirche ist das, aber am allerliebsten mag ich Kirchen, die von Apfelbäumen umstanden sind), der erweist sich als echter Connaisseur des bayerischen Kirchenbaus.

Im Beddschdaddl

Auch im christlichen Hause ist stets ein Platz vorgesehen, der dem Gebet, insbesondere dem abend- und morgendlichen, dient: die Betstätte, bairisch das *Beddschdaddl*. Da hält sich der Bayer am liebsten auf, oft verbringt er hier halbe Nächte, und nicht selten treffen sich im Beddschdaddl auch die Burschen und Mädchen zum gottgefälligen Abschluß des mühseligen Tages, ehe sie schließlich ermattet einschlummern.

I muaß aufs Haisl

Auch mit seiner irdischen Obrigkeit, mit den Gemeinderäten, mit dem Oberbürgermeister, steht der bayerische Bürger auf gutem Fuße. Das Rathaus, in der Dorfmitte zwischen Kirche und Wirtshaus gelegen, ist ihm ein vertrauter Ort. Liebevoll nennt er es schlicht das *Haisl*. Und wenn der Bayer plötzlich aufsteht, seine Papiere zusammenrafft und ruft: „I muaß aufs Haisl", dann will er damit sagen, er habe auf dem Rathaus mit den Verwaltern der Gemeinde, mit dem *Hausl* wie man den Bürgermeister nennt, zu verhandeln.

Fangamandl

Die Bedeutung dieses Worts ist auch dem Fremden auf Anhieb klar: es handelt sich um ein Fängermännlein. Was aber ist darunter zu verstehen? Natürlich ein Polizist, ein Schutz-

mann, ein Gendarm, dessen Aufgabe darin besteht, Gesetzes-
brecher zu fangen. Das bayerische Volk gab ihm in gutmüti-
gem Scherz den freundlichen Kosenamen. Die bayerische
Schutzmannschaft besteht aus etwa 30 000 *Fangamandln.*

Eine ältere Bezeichnung des Polizisten ist *„Haftlmacher"*; sie geht auf die schutzmännische Aufgabe zurück, den Bösen zu verhaften, aus ihm einen Verhafteten zu machen. „Aufpassen wie ein Haftlmacher", wie ein wachsamer Gendarm, bedeutet heute noch: besonders sorgfältig auf etwas achten.

Sie san a Gschaftlhuawa

Gschaftlhuber nennt man — es handelt sich um eine ähnliche Bildung wie bei „Kraftmeier", „Vereinsmeier" und derglei-chen — einen Menschen, der einen schönen Posten, eine reiche

Frau, ein gutgehendes Kaufhaus, ein paar rentable Häuser besitzt, kurz einen Menschen, der's geschafft hat. Er ist, berechtigterweise, stolz auf das Erreichte und fühlt sich geschmeichelt, wenn man ihm bestätigt: „Sie san a *Gschaftlhuawa*."

I geh da auf d Leich

Jemand, der über Leichen geht, ist, wie man weiß, ein brutaler Kerl, der ohne jede Rücksicht auf andere nur seinen eigenen Vorteil verfolgt. In Bayern sagt man stattdessen *„Auf d Leich gehen"*. Oft rühmt sich der, der einem auf die Leiche gegangen ist, mit den angeberischen Worten: „Dees war a *scheene Leich"*; das heißt: Mein rücksichtsloses Vorgehen hat sich gelohnt.

Dees is fia die Großkopfadn

Um ein trauriges Kapitel anzuschneiden: Auch im bayerischen Lande gibt es Kretins und Mißgeburten, besonders häufig solche, die an Megalocephalie leiden, das heißt, deren
Köpfe zu groß geraten sind (Wasserköpfe usw.). Dies hat
deutlich erkennbare geistige Behinderung zur Folge. Der
Bayer nennt diese bedauernswerten Geschöpfe *„Großkopfade"*, Großköpfige. Das Wort ist ziemlich oft zu hören, denn
es gibt nicht wenig Menschen dieser Art. „Da wohna laudda
Großkopfade", heißt es an manchen Stellen des Tegernsees,
hier wohnen lauter Megalocephale. Oder wenn von Sportar-
ten und Vergnügungen die Rede ist, die das Volk verachtet,
vom Golfspiel etwa, von vornehmen Bällen, glänzenden
Empfängen usw.: „Dees is bloß was fia die Großkopfadn",
das ist nur etwas für die Blödsinnigen.

Da Karä is a Briglmannsbuid

Das Prügelmannsbild ist der erwachsene Prügelknabe: derjenige — nicht selten geistig Beschränkte, siehe oben —, der für die andern die Prügel empfängt. Oft sind es nicht einmal die schmächtigsten, schwächlichsten Männer, denen das beklagenswerte Los, ein *Briglmannsbuid* zu sein, zuteil wird. Doch bietet eben körperliche Größe nicht immer die Garantie dafür, daß man es auch zu etwas bringt im Leben.

So a Zwidawurzn

Ins Hochdeutsche übersetzt, wäre die *Zwidawurzn* eine Zwitterwurzel, ein Mensch, von dem der Bayer sagt, er wisse nicht, „ow ar a Manndl odar a Weiwe is", ein Wesen halb männlichen, halb weiblichen Geschlechts. Hermaphroditen sind in unsern Gebirgstälern weit mehr als anderswo verbreitet, man

weiß nicht, kommt das vom kalkhaltigen Wasser oder von
der rauhen Höhenluft.

In den Händen, beziehungsweise Kehlen der Zwidawurzn
liegt auch die just in diesen Gegenden so verbreitete „Kunst"
des Jodelns, die darin besteht, daß ein Mann mit weiblich
hoher Stimme singt und trillert; diese merkwürdige Gabe der
Natur versöhnt, zumal da sie bei Heimatabenden und in
Schallplattenstudios ausgeübt, viel Geld einträgt, die Zwidawurzn mit dieser Laune der Natur und hilft ihr, ihr schweres
Schicksal einigermaßen gelassen zu ertragen.

Von jodelnden Nichthermaphroditen, die zuweilen auch vorkommen, sagt man in Bayern oft mit Erstaunen, sie seien
need zwida, keine Zwitter.

Auszogne Nudln

Das bayerische Showgeschäft, früher dem Volkslied und dem
Heimattanz verpflichtet, ist längst nicht mehr, was es in alten
Zeiten war. Selbst der Striptease hat — leider — Einzug ins
bayerische Land gehalten, und nicht nur in der Großstadt findet man Lokale, die dem Publikum schamlose Nacktpro-

gramme bieten, selbst in entlegenen Gebirgs- und Vorgebirgs-
dörfern werden von üblen Geschäftemachern solche Attrak-
tionen vorgeführt. Das Gefühl dafür, wie unpassend Darbie-
tungen dieser Art und wie wenig sie dem keuschen bayerischen Volkscharakter angemessen sind, ging selbst diesen Leu-
ten nicht ganz verloren. Sie verzichten deshalb auf allzu auf-
dringliche Reklame und deuten, was in ihren Räumen ge-
schieht, nur diskret, verlegen könnte man beinahe sagen, an,
meist irgendwo am untern Rand der Speisekarte. „Auszogne
Nudln" liest man dort; „ausgezogene, entkleidete Nuditä-
ten" bedeutet dieses Tarnwort etwa; sprachlich handelt sich's
um eine interessante Tautologie.

Heid muffedsd wieda, Loni

Die bayerische Frauentracht zählt zu den malerischsten der Welt. Besonders prunkvoll sind die Frauen und Mädchen vielerorts im Winter angetan. Zahllose bunte Röcke, Leibchen und Mieder werden übereinander getragen, und als händewärmende, gamspelzgefütterte, oft mit alten Silbermünzen behängte Rolle bildet der Muff einen wichtigen Bestandteil der Festtagskleidung. Das Wort „muffeln", das vom Muff hergeleitet ist, bedeutet denn auch: mollig warm sein. „Da

herinnad muffeds heid vielleichd", hier in diesem Raum ist es heute möglicherweise wieder warm und gemütlich, hofft man an eisigen Wintertagen. Auch von einem Menschen, der sich mit dicken Kleidern, Umhängen und Pelzen wohlige Wärme verschafft, wird gesagt, er muffle. "Heid muffedsd awa wieda, Loni", heute bist du aber wieder fein warm angezogen, Apollonia.

A gscheads Dach

"Altes Haus" nennt man im Norden Deutschlands liebe Freunde; "oide Hüttn", alte Hütte, heißt es, weitaus bescheidener, in Bayern. So ist der Kopf folgerecht das Dach der Hütte, und ein geschertes Dach, ein frisch geschorenes Dach, ein Kopf, der eben von den pflegenden Händen des Coiffeurs behandelt wurde. Ähnlich wie "Schlaukopf", "Dickschädel" und dergleichen gilt der Ausdruck auch für den ganzen Menschen. Sorgfältig gekämmt, gescheitelt, haargeschnitten, erscheint der bayerische Bursch und Mann an den hohen Feiertagen, Arm in Arm mit seiner Liebsten, im gebügelten Trachtenanzug, von Kopf bis Fuß ein gscheades Dach.

Hoiz vor da Hüttn

Die sommerliche Tracht der Bayerinnen bedarf, um recht zu wirken, einer Trägerin mit ansehnlicher Oberweite. Diese ist auch in Hausham und am Kochelsee nicht jeder Frau gegeben. Aber da weiß man sich zu helfen. Geschickte Drechsler fertigten schon vor Jahrhunderten kugelförmige (siehe Seite 77) Gestelle aus hellem Lindenholz, die zur künstlichen Vergrößerung bayerischer Busen dienen. Heute sind die diskreten Hilfen zwar meistens aus Kunststoff — und damit

58

schmiegsamer und bequemer –, noch immer aber sagt man, wenn man den Verdacht hegt, es sei nicht alles Natur, was sich da wölbt: „Die hat Hoiz vor da Hüttn", sie trägt einen Holzbusen vor sich (vor der – siehe oben – alten Hüttn).

Die Römer in Bayern
Ham Sie Remische?

Mit besonderer Vorliebe hielten sich die alten Römer, wie die Geschichte lehrt, in Bayern auf, gründeten schöne Städte, unterhielten Heerlager bauten den Limes — und hinterließen natürlich mancherlei: Mosaiken, Münzen, Tongefäße, Grabsteine, Skulpturen usw., die heute von sachkundigen Archäologen ausgegraben werden. Diese römischen Exkavationen, kurz *Remische* genannt, werden in den bayerischen Antiquitätenläden zu gar nicht übertrieben hohen Preisen gehandelt. Wer herumfragt bei den Altkunsthändlern: „Ham Sie Remische?", kann manchen garantiert uralten Schatz nachhause tragen.

Servus

Nicht nur Gegenstände erinnern uns an die römischen Erobe-
rer, auch Redewendungen, die sie im Munde führten, haben
sich bis auf unsere Zeit erhalten. „Servus" gehört zu ihnen.
Mit diesem Ruf, den er an einen Menschen richtet, der ihm

begegnet — lateinisch „servus" = „Diener, Sklave" — bietet sich der Bayer diesem gewissermaßen als dienstwilliger Knecht an — wie vor 1900 Jahren, als der Eingeborene dem stolzen Römer zu dienen hatte und ihm in urchristlicher Bescheidenheit demütig das fremde Wort zurief: „Servus sum", ich bin dein Diener, verfüge über mich.

Der Zuruf „Servus" bedeutet heutzutag nichts anderes als in der Römerzeit; er drückt ein Angebot aus, und es wäre sehr unhöflich, dieses nicht anzunehmen. Man betraut den Servus deshalb mit kleineren Aufgaben: Koffer tragen, Besorgungen erledigen und dergleichen. Einen Lohn dafür erwartet der Servus nicht; er würde sich, im Gegenteil, da er die Servusleistung oft als Bußübung betrachtet, beleidigt fühlen, wollte man ihm für seine Dienste Trinkgeld anbieten.

Da Herr Graf aufm Odlwagn

Überlieferungen aus feudaler Zeit gibt es noch viele in Bayern, man denke an den *Schäffladanz*, den Tanz der Chefs, der alle vier Jahre in München stattfindet und an dem sich, wie der Name sagt, nur Vorgesetzte, Chefs, beteiligen dürfen. Noch vor hundert Jahren war es üblich, daß die feinen Leute, die Adligen, in speziell für sie gebauten Wägen, deren Benutzung für Bürger streng verboten war, spazieren fuhren, und das Volk winkte ihnen unterwürfig zu. *Odlwagen*, Adelwagen nannte man das Gefährt, in dem der Herr Graf und die Frau Baronin saßen. Die Zeiten sind Gott sei Dank vorüber, der Begriff aber hat sich erhalten; besonders vornehme Automobile — Mercedesse etwa und BMW, natürlich aber erst recht ein Rolls Royce — gelten heute noch als Odlwagen.

Gäh schdeig mar an Huad nauf

„Geh, steige mir auf den Hut hinauf!" Dies wird man häufig vernehmen, wenn man sich an einen Bayern mit einer
Reklamation (Das Bier ist zu warm, hier sind zu viele Flie-

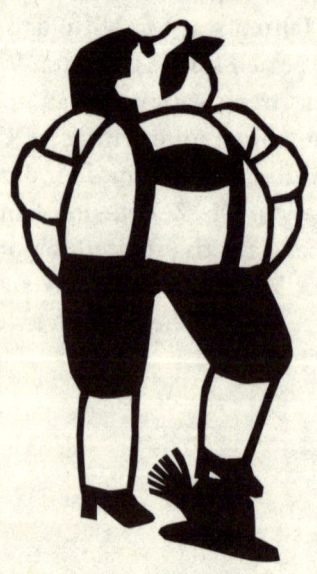

gen, mein Zimmer ist nicht aufgeräumt . . . etc.) wendet. Es handelt sich da um eine uralte Sitte. Gemeint ist natürlich der Trachtenhut. Ihn warf der tadelnd Angesprochene zu Boden, um damit verzeihungheischend auszudrücken: Ich bedauere das Vorgefallene, ich leiste dir Genugtuung. —
Zum Zeichen der Annahme der Entschuldigung, setzte daraufhin der Reklamand wortlos einen Fuß, zu meist den linken, auf den Hut (der dies, da er aus kräftigem Leder bestand, schon aushielt). Heute läßt es der Schuldner meistens bei den gutgemeinten Worten bewenden; dann genügt es auch, wenn der Beschwerdeführer ihm einen leichten Klaps (mit der linken Hand) auf den Hut oder, falls ihm sein Kontrahent barhäuptig gegenübersteht, auf die Stirn verabreicht.

Herrschaftseitn, genga S wegga

Die tiefe Kluft, die einstmals zwischen Hoch und Nieder, Arm und Reich bestand, drückt nichts deutlicher aus als das Wort „Herrschaftseitn". Der Niedrige, Leibeigene sprach es devot im Verkehr mit seinen Oberen aus. Denn auf der Herrschaftsseite stand die Macht. Heute hat sich der Ausdruck auf eine höfliche Floskel reduziert und wird im Umgang von Gleich zu Gleich verwendet; insbesondere bei dringlicher Bitte gebraucht man ihn: „Herrschaftseitn, genga S wegga" heißt, frei übersetzt: „Eure herrschaftliche Gnaden, treten Sie bitte ein wenig zurück."

Das bayerische Heer

Schdähd a Kasamandl

„Auf der Umbrigler Alm schdähd a Kasamandl", heißt es in einem alten Soldatenlied. Man kann seinen Inhalt durch das praktisch gleichbedeutende Argonnerwaldlied wiedergeben: Ein Pionier stand auf der Wacht. Mit „Kaser" — Betonung auf der ersten Silbe — hat sich der Bayer das Fremdwort „Kaserne" verdeutscht; ein *Kasamandl* ist ein Kasernen-

männlein (vgl. „Fangamandl", Seite 46), einfacher gesagt: ein
Soldat. Daß er auf der Alm steht, zeigt: es handelt sich um
einen Angehörigen der Gebirgstruppen, die im bayerischen
Lande ja die populärsten sind.

Mi hast ghaud

Dieses vorwurfsvolle Wort — zu deutsch: „Mich hast du ge-
hauen" — läßt der Bayer, der oft von nachtragendem Cha-
rakter ist, zuweilen ins Gespräch mit Zugereisten einfließen,
häufig in Fällen, in denen eine Schlägerei gar niemals statt-
fand. Hier wird es häufig genügen, in ruhigem, höflichem
Ton zu widersprechen: „Sie irren sich, ich habe Sie nie ge-
hauen"; oft aber bezieht sich die Klage auf Vorgänge in alter
Zeit, als im Jahr 1866 Preußen Bayern besiegte; die Erinnerung an diese Niederlage hat der Bayer nicht überwunden.

Sie schießt den Hirsch
Bixlmadam

Die Jagd ist längst nicht mehr nur ein rein männliches Vergnügen. Mehr und mehr Damen streifen als Försterinnen oder Sonntagsjägerinnen durch die tiefen Wälder Bayerns, den Hirschfänger griffbereit, ein Halali auf den Lippen. Die Büchse, bairisch Bixl, die sie über den Schultern trägt und treffsicher gegen Hasen, Hirsche und Sauen führt, gab der bayerischen Jägerin den Namen *Bixlmadam*; die Form läßt erkennen, wie alt der Ausdruck ist: er stammt aus der napoleonischen Zeit. Auch *Stuzerl* — von Stutzen — heißt die Jägerin.

Oide Schiassn

Natürlich muß sich die Anfängerin, die Jagdelevin, erst bewähren, wenn sie gleichberechtigt in die exklusive Schar der Waidmänner und -frauen aufgenommen werden will. Ist jedoch das erste Jahr ihres Jägertums vorüber, hat sie erfolgreich an diesem und jenem *Bschieß* (Schießen) teilgenommen und die Jagdgenossen von ihren Fähigkeiten überzeugt, dann genießt sie die volle Anerkennung und darf — nach einer kleinen Hubertusfeier — den Ehrentitel „*Oide Schiassn*", altverdiente Schießerin, tragen.

Daubnmuaddal & Babbadeggl

Eine lange Jahre populäre Figur des Münchner Lebens war das Daubnmuaddal, das Taubenmütterchen, eine alte Dame, die täglich mit riesigen Mengen Mais-, Weizen- und Haferkörnern die Tauben fütterte. 1940 starb sie. In der Erinnerung ihrer Mitbürger aber lebt sie fort; ihr zu Ehren nennt man einen Mann, der liebevoll mit seinem Dackel (bairisch Teckel) spazierengeht, *Babbadeckel*, Dackelvater.

Suchs Aborddl

Die Münchner sind seit altersher berühmt für ihre Hundeliebe. Mit Stolz führen sie ihre gut dressierten Rassehunde (Zambberl = zahme Tiere, genannt) spazieren, seit neuerem freilich etwas molestiert von den Bestimmungen des Umweltschutzes, die es den Tieren verbieten, ihre Geschäfte auf öffentlichen Wegen zu verrichten. Hundeklosetts, Hundeaborte, wurden deshalb eingerichtet, und der Hundehalter ruft seinem wohlerzogenen Hunde, den er ausführt, zu: *„Suchs Aborddl!"*, such die Hundetoilette auf. — Auch auf die Verrichtung menschlicher Notdurft kann sich dieses Wort beziehen. Wen dringend nach einer Toilette verlangt, der fragt einen Einheimischen: „Sie, i suachs Aborddl, wo is n oans?" — ich suche eine öffentliche Bedürfnisanstalt, wo befindet sich eine solche?

Zoang S mar amoi Eahna Graffi

Kunstliebend ist das bayerische Volk — ihm voran seine Könige — seit eh und je gewesen. Ob sich's um Architektur, Plastik oder Malerei handelt, der Bayer versteht sie zu schätzen. Nicht zufällig haben sich in der bairischen Sprache eigene Ausdrücke auf dem Gebiet der bildenden Kunst herausgebildet. So sagt man für „gemalt" nicht „gmoid", sondern lieber „gmoin", und die Graphik wird mundartlich als *Graffi* bezeichnet. Die Ateliers der Künstler stehen jedermann offen, der sich höflich nach ihrem Graffi erkundigt.

Der Bauerndada

Das Volk in Bayern beteiligt sich am Kunstschaffen nicht nur rezeptiv, betrachtend, fördernd, es steht auch nicht an, den Pinsel selbst in die Farbe zu tauchen. Die naive, vom Volke ausgeübte Malkunst erfreut sich seit vielen Jahren immer wachsender Beliebtheit unter den Kennern der Kunst, wissen sie doch, daß die Wurzeln der Volksmalerei, so ungelenk sie manchmal scheinen mag, unmittelbar aus der Heimaterde treiben! Erstklassige Meister der naiven Kunst werken da und dort, in den Städten, auf den Dörfern, auf den Almhütten im Gebirg. Die Tradition ist alt. Hier entstand im ersten Weltkrieg ein kerniger Zweig des Dadaismus, der zur Abgrenzung vom mehr städtischen Getriebe der Züricher Schule *Bauerndada* genannt wurde und einen festen Platz in der Kunstgeschichte einnimmt. Noch heute hört es jeder Künstler, sofern er sich dem Volkstümlichen verschrieben hat, mit Stolz, wenn man ihn als Bauerndada (soviel wie Bauerndadaist) bezeichnet. Die Strömung, anderswo am Anfang der 20er Jahre zu Ende, lebt in Bayern ungebrochen fort.

Säiwagschnitzte Hausiaraköpf

Der Bauerndada legte und legt heute noch Wert auf sorgfältige, individuelle Handarbeit, im Gegensatz etwa zu den Maschinenprodukten der Oberammergauer Herrgottsschnitzer. Besonders großartig sind seine Porträtschnitzereien, überwältigend ausdrucksvolle Holzskulpturen, die früher meist durch Kolporteure und Hausierer vertrieben wurden. Daher rührt die Bezeichnung *säiwagschnitzte Hausiaraköpf*. Diese Köpfe, von Sammlern sehr geschätzt, sind heute teils bei den Künstlern selbst, teils im gehobenen Kunsthandel zu erwerben. Man erkundige sich aber, um nicht mit billiger Manufakturware betrogen zu werden: „Ham Sie an säiwagschnitztn Hausiarakopf?"

Du oaaugads Kuchlmensch, du oaaugads

Ein bayerisches Mädchen muß, um ihrem Geliebten zu gefallen, Rundungen haben, Kugeln — bairisch Kuchln —, da, wo sie hingehören (s. Seite 58). Zärtlich nennt ihr Bursch sie dann sein Kuchlmensch, sein liebes Kugelmenschlein. Blickt sie ihn dann glücklich an mit ihren großen ovalen Augen, dann tut er alles für seinen eieräugigen, rundbusigen Schatz, für sein *oaaugads Kuchlmensch*.

Moang griagsd an Zwoaring

Zwoaring, Zweiring nennt man die Ehe- und Verlobungs-
ringe deshalb, weil sie paarweise, von Mann und Frau, getragen werden. Trotz libertinistischer Moraleinflüsse, die sich
auch im Bayerlande geltend machen, ist das Verlöbnis und
schließlich die Ehe immer noch der innigste Wunsch eines jeden Mädchens. Man kann sie sich deshalb durch nichts geneig-
ter machen, als wenn man ihr ins Ohr flüstert: „Moang friah
schengg i dar an Zwoaring", morgen früh schenke ich dir
einen Verlobungsring.

Mammsn & Babbn halten

Bayerische Kinder nennen ihre Eltern nicht Vati und nicht
Mutti, sie sagen Babba und Mamma. Die Aufgabe der Mam-
ma besteht darin, zu mammsen; das schöne Wort umfaßt alle
Mutterpflichten und -freuden: für die Kinder sorgen, sie er-

nähren, sie kleiden, sie waschen und erziehen. „Heid had mei Mamma wieda gmammsd" heißt: Heute hat mich meine Mutter wieder mütterlich umsorgt.

Auch der Ehemann, der Babba, weiß die weibliche Fürsorge zu schätzen. Was er nicht so liebt, ist, wenn man den Versuch macht, seine Bewegungsfreiheit zu behindern, ihn zurückzuhalten, etwa vom Gang ins Wirtshaus zu seinen Freunden. *Babbn haltn*, den Papa halten, wenn er aus dem Hause will, das sollte keine Frau versuchen. So hat sich's manche bayerische Hausfrau und Mutter zum Motto gemacht: „Mammsn, need Babbn haltn" — und sorgt damit für den Bestand des häuslichen Glücks.

Heimandl & Ährenjungfer

Das bayerische Jahr ist voll von festlicher Geselligkeit. Man trifft sich auf den Märkten, in den Wirtshäusern und auf Wallfahrten, lädt seine Nachbarn, Freunde und Verwandten auf Kirchweih, und zu den fröhlichsten, ausgelassensten Anlässen des späten Sommers zählt das Erntedankfest, das den *Heimandln* (Heumännern) und *Ährenjungfern* gehört, die sich schuhplattelnd und jodelnd zum Klang der *Dreegschleidern* („Drehgeschleuder", die bairische Bezeichnung für die Drehorgel, die infolge der Walzendrehung die schönsten Töne von sich schleudert) bis zum Morgengrauen in nicht immer ganz harmloser Weise miteinander vergnügen.

A Figur wiar a Brairoos

Vielbesuchte Feste richteten früher die Brauereien aus. Das schönste Mädchen wurde dabei zur Bräurose (bairisch *Brairoos*), einer Art Schönheitskönigin, gewählt. Die größte Sehn-

sucht eines jeden hübschen Mädchens war es, einmal im Leben diesen Ehrentitel zu erwerben. Nun, die Brairooszeit ist leider längst vorüber, geblieben aber sind die Erinnerung und das Wort, das noch heute als eins der freundlichsten Komplimente gilt, die man einem hübschen, drallen bayerischen Mädchen machen kann: „Du hasd a Figur wiar a Brairoos", du hast eine Figur wie eine Bräurose.

I hab a Schmoiz, i schnupf di

Das ist eine Rede, mit der man sich in Bayern viele Freunde machen kann: „Ich habe Schnupftabak, ich gebe dir etwas zum Schnupfen." Schmalzler oder kürzer Schmalz (sprich *Schmoiz*) nennt man den Schnupftabak. Wie anderswo Zigaretten, so bietet man in Bayern, allerdings nur unter Männern, Schnupftabak an. „*I schnupf di*" heißt: Ich lasse dich schnupfen.

Deamma raffa?

Es ist nach bayerischen Hochzeits-, Kindstauf- und dergleichen Festen üblich, daß die Gäste den Teil der Speisen, den sie nicht aufessen konnten, mit nachhause nehmen; sie haben ja ein Mahlgeld gezahlt, einen finanziellen Beitrag für die Mahlzeit. So rafft am Ende der Veranstaltung jeder zusammen, was ihm zusteht. Ein allgemeines Raffads geht dem Aufbruch voran. Mancher geniert sich und blickt unschlüssig um sich. Ihn ermuntert man mit den Worten: *„Deamma raffa?"*, tun wir, was uns gehört, an uns raffen?

Gelln, Sie san a Breiss

Der Bayer versteht (siehe Seite 52) oft, sehr melodisch zu jodeln. Dieser seltsame Klang fasziniert so manchen Zugereisten, und er versucht, ihn, wenn er sich allein in den Bergen glaubt, zu imitieren; natürlich vergebens. Was sich als Duliöh-Schrei seiner Brust entringt, ist alles andere als ein Jodler. Eingeborene, die ihn belauschen, lächeln mitleidig über die gellenden Töne. „Die Breissen gellen wieder", sagen sie.

Um den Gast zu foppen, fordern sie ihn gern auf, seine Kunst hören zu lassen: *„Gellen Sie*, Sie sind doch ein Preuße." Der Angeredete beweist seinen Humor, wenn er auf den Spaß eingeht und ein lustiges Hollarä-iti erschallen läßt.

D Gäisn kema

Man muß es leider zugeben: die Xenophobie, die Reserve fremden, besonders preußischen Gästen gegenüber, ist in Bayern trotz vielfältiger Bemühungen vonseiten der Politiker und Publizisten noch immer nicht ganz überwunden. Manches bairische Wort vermag dies dem Kenner zu verraten. Zum Beispiel jenes, das die lästigen Stechmücken bezeichnet, die an den Ufern der Flüsse und Seen in Schwärmen über die Badenden herfallen. „Wia d Breissn", murrten die Bayern und nannten die Mücken „Gelsenkirchener", weil just aus dieser Stadt besonders viele Sommergäste kommen.

Die Fremdenverkehrsfachleute haben keine Anstrengung gescheut, das häßliche, boshafte Wort aus der bairischen Sprache zu tilgen. Ihr Argument: Wenn ihr die widerlichen Mücken ‚Gelsenkirchner' nennt, werden die Leute aus dem Ruhrgebiet beleidigt sein, und eure Betten stehen leer — überzeugte die Bayern nur zur Hälfte. Nach langem hin und her erklärten sie sich schließlich bereit, die Tiere „Gelsen" zu nennen und „*Gäisn*" auszusprechen. „Die san so damisch, die Breissn", soll der Bürgermeister einer Chiemseegemeinde gesagt haben, „daß s goaneed vaschdenga, wer damid gmoand is."

Dees braucha d Breissn

16 Der Hase heißt bairisch „Hos", mit offenem „o" (wie etwa in „Sonne", bloß lang). „Hosn" mit geschlossenem „o" sind Hosen, das HOSNDIAL daher die Hosentür, der Hosenschlitz.

17/18 O MEI ist aus „o mein Gott" verkürzt und als Klage- und Jammerruf, „ach du lieber Gott!" verbreitet. — Der Maibaum, ursprünglich ein Fruchtbarkeitssymbol, besteht aus einem hohen, geschälten Stamm, der mit Bändern, Blumen und geschnitzten Figuren dekoriert wird. Daß er ANGEBRUNZT wird, kann passieren: „brunzen" (mittelhochdeutsch „brunnen, brunnezen") bedeutet „pissen". „Mai" heißt auf bairisch nicht nur der Monat Mai, sondern auch das Maul. MAI HOIDDN = Maul halten, das MAI SCHBAZIANGEHLASSN = frech daherreden, jemandem das MAI OHENGA = ihm respektlos widersprechen.

20 BLÄD = blöd.

20/21 LOSTAGE sind die Tage des Jahres, die nach dem Volksglauben prophetische Schlüsse auf die Zukunft ermöglichen. Das REINDL ist eine kleine, die REIN eine größere Bratpfanne; althochdeutsch „rins" hieß „Tiegel, Becken".

21/22 „Schlegel" heißt in Bayern der Hinterschenkel des geschlachteten Tiers aufgrund der Ähnlichkeit der Form des Knochens mit einem Schlagwerkzeug (einem Schlägel, einer Keule). SCHLEEG aber sind Schläge, „Schleeg griang" = verprügelt werden.

22/23 In der etwas ordinären Münchner Vorstadtsprache wird der Auswurf, den man ausspuckt, LUNGAHARING genannt, der Hering, der aus der Lunge kommt.

24 Die Rede, etwas oder jemand sei keinen Pfifferling wert, leitet sich von der — einstigen — Wertlosigkeit und Billigkeit des Pfifferlingpilzes her. Käse (bairisch „Kaas") als Bezeichnung des Minderwertigen kam im 18. Jahrhundert auf. AN KAAS REDN heißt daher „Käse reden", „Unsinn daherreden", und der PFIFFKAAS ist so wenig wie Pfifferlinge und Käse zusammen, also überhaupt nichts.

25 GFRIES nennt man das unfreundliche, mürrische Gesicht, das etymologisch mit der nördlichen Fresse nah verwandt ist.

26 Die Bulette oder Frikadelle wird in Bayern „Fleischpflanzl" genannt. Warum, weiß man nicht ganz genau. Vielleicht deswegen, weil sie in der Pfanne gebraten wird. Dann wäre das „l" falsch eingefügt worden, weil man sich unter einem „Pflanzl" (Pflänzchen) mehr als unter einem „Pfanzl" vorstellen konnte. — PFLANZ aber, ebenfalls mit hellem „a" zu sprechen, sind Lügenmärchen — von mittelhochdeutsch „phlanzen" = „schmücken, zieren".

26 ZAACH = zäh, das Wort gab's schon im Mittelhochdeutschen.

27 Der BLEMBBE, der Plempel, hängt wirklich mit „verplempern" zusammen. Und zwar über ein Wort, das „plempen" und auch „plampeln" heißt und das man in vielen Mundarten findet; es bezeichnet eine pendelartige Hin- und Herbewegung. „Verplempern" bedeutet daher „vergeuden, verschütten", und der „Blembbe" ist das Getränk, das vom vielen Herumschwappen schal geworden ist.

28 Der RAMME, der Rammel, entspricht, in etwas verstärkter Form, dem Rüpel. Seinen Namen bekam er von der ungestümen Männlichkeit des (Hasen-) Rammlers. Der Zusatz „Bauern-", von den feinen Menschen in der Stadt gebildet, drückt die ländlich urwüchsige Ungeschliffenheit des Rammels aus.

29/30 SCHIES ist soviel wie Schiß, wie Angst. Der MOAR, der Kapitän der Eisschützenmannschaft, ist nichts anderes als der Maier — von lateinisch „maior" = „der größere, der höhere", den man im „Majordomus", im französischen „maire" (Bürgermeister) wiederfindet. SOIZNÄGA, Salzneger, ist ein Münchner Schimpfwort, das dem Tolpatschigen, Dummen gilt.

30 Pilze heißen in Bayern „Schwammerl". Damit hat das — ziemlich harmlose — Schimpfwort DU SCHWAMMERL, das etwa „du einfältiger Mensch" bedeutet, nichts zu tun. Die Herkunft dieses Schwammerls

ist derber als es scheint: „Schwammerl" ist ein verhüllendes Tarnwort für den „Schwanz" (den Penis).

32 „Pot" ist, auf französisch, der Topf, „chambre" das Zimmer. Als die Bayern das Gefäß kennenlernten, nannten sie es, aus „pot de chambre", BODSCHAMBBAL. Daß man das Bodschambbal zum SCHIFFA, zum Schiffen, Pissen, benötigt, trifft zu, denn es ist der Nachttopf.

33 JESSMARANDJOSEF ruft man aus, um sein Erschrecken auszudrücken. Es ist ein überaus sanfter, sicher kaum sündhafter Fluch; Jesus, Maria und Josef, die ganze heilige Familie, wird von ihm umfaßt.

35 Ein DÄBBAL ist ein kleiner Depp, ein Idiot; GELUNGEN wird bairisch auch im Sinn von „merkwürdig" benutzt.

36/37 „Mit Näglein bedeckt", singt schon der Dichter. Aus „Nägelchen" ist das Wort „Nelke" entstanden. Im Baierischen beließ man es beim NAGAL. Der ALMABTRIEB findet im Herbst, meist im September, statt und besteht darin, daß man die Rinder, festlich mit Kränzen, Blumengestecken und Girlanden geschmückt, von den Almen herab in die dörflichen Ställe treibt.

38 GREIZHALLELUJA und BLUADSAURE MARIE sind bairische Flüche — wobei man beim letzteren nicht sagen kann, was er eigentlich bedeutet. GRIASDE und GRIASDE NACHA sind nichts als „Grüß dich" und „Dann grüß dich", das LAUSDEANDL das weibliche Pendant zum Lausbuam, dem verlausten Jungen, und AUSANANDADIFIDIAN (dividieren) heißt: soviel wie „haarklein auseinandersetzen".

39/41 „Segne es Gott", auf bairisch durch ein zusätzliches „ge-" vermehrt, bedeutet GSENGS GOD.

41/42 Ein SÄINGUADS LEID ist ein seelengutes, ein herzensgutes Leut; denn bairisch gibt es nicht nur die Mehrzahl „Leute", sondern auch das einzelne Leut, „Leid" gesprochen, eine — meist weibliche — Person.

43 ABBFEKIACHLN, Apfelküchlein sind eine schmackhafte Mehlspeise: Man schneidet Äpfel in Schnitten, taucht sie in einen Mehl-Eier-Was-

serteig und bäckt sie im schwimmenden Fett heraus. — AUS EBBFI AMEN ist eine Formel, die „Schluß, es ist zuende" ausdrückt. „Aus" und „Amen" passen dazu vorzüglich; wie es zu den Äpfeln kommt, ist leider unbekannt.

45 Ein BEDDSCHDADDL ist eine Bettstatt.

46 Das bairische HAISL entspricht dem sonst üblichen „Häuschen", dem Abort, während der Titel HAUSL nicht dem Bürger-, sondern dem Hausmeister gebührt.

46/48 FANGAMANDL, „Fang ein Männlein" ist ein Kinderspiel, das anderswo schlicht „Fangen" genannt wird. Der HAFTLMACHER heißt, beziehungsweise hieß so, weil er Hafteln, Kleiderverschlußhaken, machte, mit der Hand. Dies war eine schwierige Präzisionsarbeit, die viel Aufmerksamkeit verlangte.

49/50 GSCHAFTLHUAWA nenn man den geschäftigen Wichtigtuer.

50 Nicht nur eine Leiche ist eine LEICH, sondern auch das Leichenbegängnis. Daran teilnehmen heißt AUF D LEICH GEH; nehmen viele Trauergäste teil, werden viele Kränze gespendet und herzliche Reden gehalten, dann sagt man, es war eine SCHEENE LEICH.

51 Die GROSSKOPFADN haben keine übergroßen Köpfe, sie sind die Tonangebenden, zur Oberschicht Gehörenden. Das Wort erklärt sich vielleicht so, daß diese Leute früher elegante Perücken trugen, wodurch der Umfang ihrer Köpfe tatsächlich zunahm.

52 Das BRIGLMANNSBILD, Prügelmannsbild ist ein Mann von besonderer Größe und Stärke, ein Mensch, um es mit andern Worten auszudrükken, wie ein Baum.

52/53 ZWIDA heißt „zuwider", und „zuwider" unangenehm. Eine ZWIDAWURZN ist eine unfreundliche, mürrische Person.

54/55 Nudeln, schmalzgebacken aus Hefeteig, von einer verdickten, ringförmigen Wulst umgeben und in der Mitte fast durchsichtig dünn —

was daher kommt, daß der Teil stark auseinandergezogen wurde —, das sind AUSZOGNE NUDLN.

56 Muffeln, bairisch MUFFEN, bedeutet „unangenehm riechen"; der Mief ist damit eng verwandt.

57/58 GSCHEADE, gescherte waren ursprünglich die Bauern, die geschertes, geschorenes Haar tragen mußten. Ein spezieller Haarschnitt ist heute nicht mehr die Voraussetzung, die einen zum GSCHEADN macht, es genügt ungehobeltes Benehmen, ja schon der Umstand, daß man deutlich Mundart spricht. Ein GSCHEADES DACH ist jemand, der sich durch besonders urwüchsige Sprechweise auszeichnet.

58/59 Mit den Worten, sie habe HOIZ VOR DA HÜTTN, bezeichnet man sehr bildhaft ein Mädchen mit bedeutendem Brustumfang.

60 RÖMISCHE sind eine schmackhafte Brötchenart aus dunklem Weizenmehl und Sauerteig. Sie kommen nicht etwa aus Rom, sondern heißen eigentlich „Riemisch Weckerl". „Riemisch" nannte man das Mehl, aus dem sie zubereitet wurden; warum, ist nicht erforscht.

61/62 SERVUS — von lateinisch „servus" = „Diener, Sklave" — ist nichts als ein vertraulicher Gruß unter Freunden oder gut Bekannten.

63 Der SCHÄFFLADANZ, alle sieben Jahre in München aufgeführt, ist ein Tanz der Schäffler, angeblich in der Pestzeit im 16. Jahrhundert entstanden; „Schäffler" ist die bairische Bezeichnung für den Böttcher oder Küfer. — Mit dem ODLWAGN wird der Odel, die Jauche aufs Feld gefahren.

64/65 SCHDEIG MAR AN HUAD NAUF ist dasselbe wie „Rutsch mir den Buckel herunter".

65 HERRSCHAFTSEITN ist gewissermaßen ein frommes „Herrgottsakrament". „Herrgott" wird durch „Herrschaft" ersetzt, und das schon angefangene „Sakrament" wird schnell zur „Sa-itn".

67/68 Kasa, Kaser heißt die Almhütte, auf der der Käse zubereitet wird (und schließlich die Alm überhaupt), und das KASAMANDL ist ein sagen-

haftes schwarzes Männlein, ein kleiner Kobold, der die Alm be-
wohnt.

68 MI HAST GHAUD bedeutet soviel wie „Mir wär's genug", „das würde
mir gerade noch fehlen".

70 Als BIXLMADAM bezeichnet man eine aufgetakelte einherstolzierende
Dame; in Schmellers Bayerischem Wörterbuch wird „Bixl" als „Rand
oder Bordur an Kleidungsstücken" (mit denen sich die Dame
schmückt) erklärt. — STUZERL ist ein Kosename für ein kurzgewachse-
nes Mädchen; sie ist so klein, daß man den Eindruck hat, jemand habe
sie gestutzt.

70/71 Der BSCHIESS kommt nicht vom Schießen, sondern vom Bescheißen
her; ein Bschieß ist ein Betrug und OIDE SCHIASSN die respektlose Bezeichnung für eine dem Sprecher altbekannte weibliche Person, ver-
gleichbar etwa der „alten Hüttn".

72 Das Taubenmutterl hat es wirklich gegeben. BABBADECKL, Pappdeckel
aber ist das bairische Wort für Pappe.

73 Ein ZAMBBAL ist ein nicht reinrassiger Hund; vielleicht hängt der Ausdruck mit dem Zambo zusammen, dem Mischling aus Neger und India-
ner. SUCHS ABORDDL ist die Aufforderung an den Hund zu apportieren.

74 Mit „Plunder" kann man GRAFFI am besten übersetzen. Das Wort geht
zurück auf mittelhochdeutsch „raffeln" = „lärmen, klappern"; denn
die Klapprigkeit ist eine wesentliche Eigenschaft des Graffis.

74/75 „Unbeholfener, täppischer Landbewohner" bedeutet BAUERNDADA in
der Sprache der stolzen Städter.

76 Hausierer ist der geachtetste Berufsstand nicht; wer einen HAU-
SIARAKOPF hat, braucht sich darauf nichts einzubilden, und auf einen
SÄIWAGSCHNITZTN, selbst geschnitzten, schon gleich gar nicht.

77 OAAUGAT bedeutet „einäugig", und ein KUCHLMENSCH ist ein Mädchen
aus der Küche (bairisch „Kuchl").

78 Ein ZWOARING ist ein Zweipfennigstück. Mittelhochdeutsch hieß es „zweilinc". Der Ersatz des „l" durch das „r" ist darauf zurückzuführen, daß der Zweier „Zwoara" heißt.

78/79 MAMMSEN ist mit „mümmeln" (= „den Mund bewegen") verwandt und bezeichnet eine unerfreuliche Art der Mundbewegung: das Nörgeln. – Die BABBN ist der Mund, mit dem man babbelt. Man gebraucht „Babbn" nicht als Kosewort, sondern im tadelnden Sinn.

80 Jemanden AUF KIRCHWEIH LADEN heißt, so freundlich es klingt: ihm den Götz von Berlichingen entbieten. Dies als Kirchweihladung zu bezeichnen, ist ein Euphemismus, ein Tarnausdruck, der weit schicklicher klingt als das Originalzitat. – HEIMANDL heißen die zum Trocknen über Holzgestelle gestapelten Heubüschel, ÄHRENJUNGFERN gibt es nicht, nur die auch anderwärts bekannten Ehrenjungfern, und die DREEGSCHLEIDAN ist der böse, übelnachredende Mund, der Dreeg, Dreck, über andere schleudert.

81/82 BRAIROOS stammt aus der alten Zeit, in der die Brauereifahrzeuge noch von Pferden gezogen wurden: von Bräurössern.

82 „Schmoizla", „Schmaizla" oder „Schmai" heißt der Schnupftabak. SCHMOIZ ist das Schmalz und auch die Kraft, die der Mensch in den Armen hat. I SCHNUPF DI bedeutet soviel wie etwa: mit dir werde ich mühelos fertig.

83 RAFFA = raufen, ein RAFFADS eine Rauferei, mit welcher ländlich bayerische Festivitäten in der Tat zuweilen enden.

84/85 „Gelt" kommt in der Bedeutung „nichtwahr" auch außerhalb Bayerns vor. Eine bairische Spezialität aber ist GÄIN s, die Siezform von „gelt" (bairisch „gäi"), die zwar wenig Sinn, aber den Vorzug formvollendeter Höflichkeit hat.

85/86 Der Name GÄISN, Gelsen für Stechmücken geht auf das mittelhochdeutsche Wort „gelsen" = „schreien" zurück; man sieht daran, es ist der Lärm, der dem Bayern insbesondere auf die Nerven geht.

Ludwig Merkle

Breißn dratzn

oder Bairisch für Zugereiste

96 Seiten mit vielen Illustrationen
von Annegert Fuchshuber

Heinrich Hugendubel Verlag